Ellen Bucher   Unterwegs zur Freude

Keinen Tag soll es geben,
da du sagen mußt:
niemand ist da, der mir neuen Atem gibt.

Keinen Tag soll es geben,
da du sagen mußt:
niemand ist da, der mit mir
um die Schöpfung kämpft.

Keinen Tag soll es geben,
da du sagen mußt:
niemand ist da, der mir Hoffnung gibt
für Gott und diese Welt.

Und der Friede Gottes,
der höher ist als all unsere Vernunft,
der halte unseren Verstand wach
und unsere Hoffnung groß
und stärke unsere Liebe.

aus dem Gebet der Kirche

Ellen Bucher

Unterwegs zur Freude

Trostbriefe

Herder
Freiburg · Basel · Wien

Den Vorausgegangenen

Sören · Sylviane · Gudrun · Horst

Einbandgestaltung:
Martin Tiefenthaler unter Verwendung eines Fotos von Wolfgang Poeplau

Bildnachweis:
Benno Baldes S. 44; Conrad Contzen S. 93; Wolfgang Poeplau S. 7, 12, 28, 33, 49, 56, 67, 72, 78, 83, 88; Raimund Schreiber S. 38

Herstellung: Freiburger Graphische Betriebe 1987
ISBN 3-451-21044-4

Inhalt

Unterwegs zur Freude

Die Freude ist ein Kind
der Anmut,
der Sanftmut
und der Demut.
Nur wer diesen Mut
in sich vereinigt,
kann sie finden.

Als ich traurig war, ging ich die Freude suchen. Unterwegs traf ich meinen Engel.
„Warum bin ich so traurig?" fragte ich ihn.
„Weil du blind bist!" antwortete er mir.
„Dann öffne mir die Augen", bat ich ihn. Der Engel nahm mich an die Hand und führte mich durch das alltägliche Leben. Durch Häuser und Straßen und Geschäfte.
Ich dachte: „Das kenne ich doch alles! Wo ist denn die Freude?"
Nach einer langen Zeit sagte ich zu meinem Engel: „Ist es noch weit bis zur Freude? Meine Füße sind müde. Mein Herz ist matt. Mein Kopf ist voll Verdruß. Ich kann nicht mehr."
„Dann ruh dich aus", sagte mein Engel und bereitete mir ein Lager; und ich legte mich hin und schlief.
Als ich aufwachte, fragte ich meinen Engel, ob der Weg denn noch weit sei. Er sagte: „Das kommt auf deine Augen an. Ich kann dich nur führen. Suchen und finden mußt du."
Wieder nahm er mich an die Hand und führte mich durch das alltägliche Leben. Ich sah Mühsal und Schmerzen, Angst und Tränen, Hunger und Völlerei. Ich sah den Menschen in seinem Kleinglauben und in seinem Übermut, aber die Freude sah ich nicht.
„Ist es noch weit bis zur Freude?" fragte ich wiederum, „meine Füße sind müde, und mein Herz so traurig wie nie zuvor."
„Dann ruh dich aus", sagte mein Engel freundlich und bereitete mir ein Lager. Ich legte mich hin und schlief.
Als ich aufwachte, nahm mich mein Engel wortlos an die Hand,

führte mich abseits vom Leben und Treiben der Menschen und setzte sich zu mir unter einen Baum. Es war kalt, aber ich fror nicht. Der Engel war bei mir.
Lange saß ich da und sah, wie aus dem Baum kleine grüne Spitzen brachen, wie dann der Baum in Blüte stand und endlich Früchte trug und seine Blätter ablegte.
Ich spürte den Regen über mein Gesicht laufen und die Sonne brennen; ich dankte dem Baum für Schatten und Schutz, den er mir schenkte. Ich sah Gräser wachsen und kleine wilde Blumen erblühen. Ich sah Tiere eifrig ihr Nest bauen und Vorräte anlegen, sah sie emsig arbeiten und ruhen.
Ich sah die Sonne aufgehen und untergehen und abgelöst werden vom milden Licht des Mondes. Ich spürte die Wohltat der Nacht, in der alles dunkel und leise und geheimnisvoll ist; spürte die Wohltat des Tages mit seiner lebensvollen Geschäftigkeit, seinen Geräuschen und seinen Begierden nach Lust und Weh.
„Es ist schön hier", sagte ich zu meinem Engel, „laß mich sterben, ich möchte nicht zurück in das alltägliche Leben, auf Straßen und Plätze, in das Geschrei der Menge. Laß mich sterben, denn die Freude habe ich auch hier nicht gefunden, ohne Freude aber möchte ich nicht leben."
„Warte", sagte mein Engel, und er gab mir Lehm in die Hände, „forme daraus, was du suchst. Vielleicht vergaß Gott, dir Freude zu schaffen. Schaffe du sie für ihn!"
Ich nahm den Lehm und formte daraus einen Baum und einen Engel und setzte ein Kind dazu, das selbstvergessen und mit

Hingabe etwas tut. Als ich das Menschenkind ansah, sah ich, daß es sich freute.
„Wer ist dieses Kind?" fragte ich erstaunt meinen Engel. Der aber küßte mich behutsam auf meine Augen, und ich erkannte mich selbst in dem Kind.
„Bringe mich zurück. Dahin, wo ich wohne", bat ich, „ich möchte aufs neue mein Leben beginnen, möchte es empfangen wie ein Kind und mich freuen an jedem Tag, den Gott werden läßt."
„Warte", sagte mein Engel, „du hast dein Geheimnis entdeckt. Die Freude ist deshalb so schwer zu finden, weil sie tiefer reicht als die Schwermut, die alles überwuchert. Die meisten Menschen flüchten vor der Traurigkeit, statt ihr standzuhalten und sie zu durchschreiten. Die Freude ist ein Kind der Anmut, der Sanftmut und der Demut. Nur wer diesen Mut in sich vereinigt, kann sie finden."
„Ich danke dir, lieber Engel", sagte ich, „immer wenn ich traurig bin, will ich daran denken."
Wir lachten uns zu, ich ging frohen Herzens an meine alltägliche Arbeit.

Briefe an eine Genesende

Wenn ich morgens aufwache,
sage ich immer als erstes:
„Nimm diesen Tag mit beiden Händen, dankbar" –
und dann staune ich,
wieviel Schönes mir geschieht.

Liebe Ingrid,

nun liegst Du schon viele Wochen in einem kleinen Krankenzimmer, und nur der Baum vor Deinem Fenster kann Dir erzählen, wie weit der Sommer in diesem Jahr schon vorangeschritten ist. Die ersten Blätter färben sich und fallen ab. Es ist schön, daß Du den Baum sehen kannst. Manchmal kommt ein Vogel, wippt auf einem Zweig, trällert leise und fliegt weiter. Du hast mir einmal geschrieben, was Du alles an diesem Baum beobachten kannst. Wie die Tropfen an den Blättern hängen bleiben, wenn es regnet; wie die Zweige sich bewegen, wenn ein Wind geht. Ja, auch die Blüte hast Du schon vom Bett aus gesehen; damals schriebst Du, Du hättest sie noch nie so intensiv erlebt, es war Dir, als hätte der Baum nur für Dich allein so schön geblüht.
Ich weiß, daß das alles nur ein kleiner Ersatz ist für das Leben, nach dem Du Dich sehnst, in dem Du wieder gehen und Deine Hände gebrauchen, Deine Arbeit verrichten und einfach eben gesund und munter sein kannst, wie Du es vorher warst.
Ich kann Dich schlecht trösten, denn ich weiß: wer gesund ist wie ich, der hat gut reden.
Mit diesem Brief möchte ich nur ein bißchen bei Dir sein.
Denk Dir, ich habe heute die erste Sonnenblume gesehen, ein kleines bräunlich-gelbes Blütenköpfchen an einem langen Stiel. Solange auf unserer Erde noch Sonnenblumen wachsen, dachte ich, kann sie nicht verloren sein. Ein Weilchen habe ich bei ihr gestanden und sie betrachtet, sie stand an einer grauen Hauswand. Wer wohl das Samenkorn dort in die Erde gesteckt haben mag? Ein Kind vielleicht? Oder hat ein Vogel im Flug den Kern verloren?

Der Sommer neigt sich mit großer Schönheit, ich staune, welcher Verwandlung die Natur fähig ist.
Welcher Mensch vollzieht selbst eine solche Wandlung? Bleiben wir nicht meist irgendwo stehen, klammern uns fest an Jugend und vermeintlichem Leben und vergessen, daß es ein und derselbe Kreis ist, Werden und Vergehen?
Du schreibst mir in Deinem letzten Brief, daß Dir nur am Anfang nach Deinem Unfall die Zeit sich lang hindehnte, jetzt sei sie ganz erfüllt. Es fällt mir schwer, das zu verstehen.
Ich weiß doch, wie schnell Dir alles von der Hand ging, wieviel Du täglich an Arbeit gemeistert hast. Jetzt mußt Du ganz untätig sein, jede kleine Verrichtung tut ein anderer für Dich, selbst die Briefe kannst Du nur diktieren, eine andere Hand muß sie schreiben.
Ich kann mir nur vorstellen, daß Du der Sonnenblume auf der Spur bist. Du hast die Unruhe und Ungeduld Deines Lebens abgelegt und erfährst auf eine ganz neue, ungeahnte Weise, was Leben auch und im besonderen sein kann: Innehalten, Schweigen, Lauschen, Kräfte sammeln zu einem Neubeginn.
Es muß schwer sein, das zu lernen und auszuhalten.
Weißt Du, daß Dein letzter Brief mich froh gemacht hat? Wirklich, er hat ein ähnliches Gefühl in mir ausgelöst wie die kleine Sonnenblume, die ich heute sah vor der grauen Wand.
Bleib behütet und sei herzlich gegrüßt.

Deine Helen

Liebe Ingrid,

wie sehr habe ich mich über Deinen Brief gefreut, in dem Du mir mitteilst, daß Du nicht mehr fest im Bett liegen mußt, sondern nun mit Krücken durchs Haus humpeln darfst und auch schon Stufen ganz gut nehmen kannst. Du schreibst, daß Dir ganz schwindlig geworden ist vor Freude und Angst, als Du zum ersten Mal vor Deinem Bett standest und versucht hast, den ersten Schritt allein zu tun.
Bald wirst Du an warmen Tagen auf dem Balkon in der Sonne sitzen können und den Frühling in seiner ganzen Schönheit erleben. Wie wird das sein, nach einem so langen, dunklen Krankenlager?
Bald ist Ostern. Für die meisten Menschen ist es nicht viel mehr als ein Frühlingsfest mit bunten Kleidern und Blumen und Eiern. Du wirst es sicherlich ganz neu und anders erleben. Vielleicht schaust Du zurück und wunderst Dich, daß Du noch lebst, denkst an die schlaflosen Nächte, an die Schmerzen, die Du ausgehalten, an die Ängste, vor denen Du nicht fliehen konntest: das war der Vorgeschmack des Todes. Du gehst auf Krücken, das ist für einen, der gesund auf seinen zwei Beinen steht, nicht viel, aber für Dich ist es der Geschmack des Lebens. Das ist Ostern. Wir können es ja immer nur ahnen.
Du hast mir einmal geschrieben: „Ich bin so wehrlos." Dieser Satz ist lange mit mir gegangen. Ist das nicht eine Grunderfahrung unseres Menschseins – wehrlos sein, ohne Waffen, schutzlos unter Feinden?
Der gesunde Mensch lebt ja gerade davon, daß er sich wehren

kann, daß er eine Rüstung anlegt, zurückschlägt. Sein Stolz ist, daß er sich nichts gefallen läßt. Wer krank ist, so lange und so schwer wie Du, der weiß, wie unwichtig vieles ist, um das wir kämpfen, wo wir uns wehren und verteidigen.

Noch ein nachdenklicher Satz steht in Deinem letzten Brief: „Es wird nie wieder so werden, wie es war." Ich glaube Dir das, aber ich finde es auch ganz natürlich. Ein Mensch, der die Nacht in seiner ganzen Schwärze erlebt hat, wird den Morgen anders erfahren als einer, der gut geschlafen hat. Du wirst Dein Leben anders und neu begreifen lernen, wirst hinkend bleiben, und Schmerzen werden Dich immer wieder überfallen und an die Zeit erinnern, da Du fest lagst. Aber das ist doch nur die eine Seite.

Denk mal an die alttestamentliche Geschichte von Jakob, wie er an den Fluß kam und mit dem Engel rang eine lange dunkle Nacht – aber er gab nicht auf, hielt sich fest an dem, der ihn schlug, bis der dunkle Engel sich in einen lichten verwandelte und ihn segnete, ihm neues Leben schenkte. Das ist ja auch eine Ostergeschichte; als Jakob hinkend den Fluß überquerte, ging ihm die Sonne auf. Hast Du nicht auch ähnliches erlebt? Das Angesicht Gottes schaut Dich freundlich und liebevoll an, Du kannst wieder singen und Dich freuen.

Liebe Ingrid, sicher wirst Du noch oft weinen, wenn Du andere so leicht und mühelos einen Berg besteigen siehst – und Du mußt unten bleiben. Auf manches wirst Du verzichten müssen, woran Dein Herz hing, aber sicher wirst Du es erleben, daß Dir Neues, Ungeahntes erschlossen wird. „Wo Gott eine Tür verschließt,

öffnet er eine neue", heißt ein Sprichwort. Es ist so, glaub es mir. Ich weiß nicht, ob Dir das hilft, wenn Du jetzt so an Krücken gehst und vom Fenster aus die Menschen in ihren bunten Kleidern vorbeieilen siehst, auf ihren beiden Füßen oder auf zwei oder vier Rädern. Alle haben es eilig. Du aber hast Zeit, hast Geduld gelernt und weißt, was in der Stille wächst, lautlos, aber doch wirklich. Wir gewahren es nur, wenn wir mit der Stille vertraut sind. Du bist Ostern viel näher als die vielen eiligen Menschen, die vor lauter Angst nie genug bekommen.
Sei herzlich gegrüßt von Deiner

Helen

Liebe Ingrid,

heute ist ein regnerischer Tag. Es riecht nach Frühling, und doch ist da eine zurückhaltende Wehmut in mir, als ließe der Regen die Sonne nicht zu. Dabei weiß ich natürlich – und mein Verstand sagt es mir – daß der Regen gerade im Frühling notwendig ist; daß die Sonne allein kein Leben hervorbringen kann.
Warum wünschen wir Menschen uns dennoch immer wieder nur Glück und Sonnenschein, obwohl wir doch wissen, daß ohne Regen unser Leben verdorren und verkümmern müßte?
Vielleicht schreibe ich heute an Dich, liebe Ingrid, weil Du eine so lange Regenzeit hinter Dir hast. Du hast doch Deine Krankheit erlebt als eine Zeit, in der durch Jahre hindurch der Regen nicht aufhören wollte; in der Du sehnsüchtig nach Licht Ausschau hieltest, aber es waren immer nur Wolken da und der Regen, der sich oft in Tränen verwandelte. Nun geht es Dir besser, endlich! Du hast wieder laufen gelernt, sogar das Tanzen versucht; Du kannst Dinge tun, von denen Du dachtest, sie wären Dir für immer verschlossen.
Was mich am meisten an Deinem letzten Brief bewegt hat, war zwischen den Zeilen zu lesen: daß Du um nichts in der Welt diese jahrelange Krankheit, die Dich gezeichnet hat und von der Du nie ganz genesen wirst, missen möchtest. Du bist eine andere geworden – und das wäre ohne ‚Regen' nicht möglich gewesen.
Gestern machte ich bei gutem Wetter einen Spaziergang. Es war so warm, daß ich mich eine Weile auf eine Bank an einem kleinen See setzen konnte. Eine klare, winterliche Sonne spiegelte sich darin inmitten kahler Bäume. Das Wasser war leicht bewegt durch

die Schwäne, die darin schwammen, und so schien es, als wäre das Bild lebendig. Die kahlen Verästelungen der Zweige sahen im Spiegel des Wassers wie Wurzeln aus. Ich sah einen Vogel darin herumfliegen, und ein Flugzeug bildete sich wie ein großer sonderbarer Fisch einen Augenblick lang ab.

Eine verkehrte Welt, dachte ich: Was oben ist, ist unten. Es ist, als wenn ein Mensch in seine Seele schaut und dort ein Bild entdeckt, das seinem gleicht und doch ein anderes ist.

Es ist das Bild, das nur er allein kennt, denn die anderen sehen uns ja nur so, wie wir uns ihnen nach außen anbieten oder sie uns haben wollen: traurig oder fröhlich, hart oder weich, stark oder schwach, gesund oder krank. Sie fühlen sich von dem Bild angezogen oder abgestoßen und verhalten sich entsprechend. Wer macht sich schon die Mühe zu schauen, was auf dem Grund liegt?

Vielleicht ist der Mensch deshalb so allein, und doch muß er lernen ... unter Schmerzen lernen, dazu ja zu sagen.

Du hast das in Deiner Krankheit gelernt; Du hast erlebt, was es heißt, bereit werden zu sterben, den Weg anzutreten, auf dem Dich keiner vertritt. Da ist ein Mensch nämlich wirklich allein und lernt zu unterscheiden zwischen dem, was noch Wert hat für ihn, und dem, worum es sich nicht mehr lohnt.

Letztlich bleibt nur eines, das unserem Leben Sinn gibt. Ich meine, es ist die Liebe, die wir so oft verfehlen, weil wir uns dem Regen, dem schmerzhaften Reifungsprozeß unseres Lebens zu entziehen suchen. Wir wollen der Liebe vorschreiben, wie sie aussehen soll,

erwarten von ihr Glück und Freude und können nicht begreifen, daß sie auch ganz anders aussehen kann.
So bin ich in meinen Gedanken wieder am See angelangt, wo ich alles, was sich darin spiegelte, verkehrt herum sah, auf den Kopf gestellt, die Kronen der Bäume als Wurzel etwa. Wenn wir das auf die Liebe anwenden, dann kann sie ein dunkles Wort sein, das sich verbirgt im Leiden und Sterben der Menschen und dennoch gerade hier als ein leuchtendes Wort, das dem Müden Kraft gibt, dem Sterbenden Hoffnung, dem Trauernden Freude.
Ist das vielleicht der Grund, weshalb Du die lange Regenzeit in Deinem Leben nicht missen möchtest, weil da in Dir etwas gewachsen ist, was unter leuchtender Sonne allein sich nie hätte entfalten können?
Weißt Du, wir haben unser Leben ja nie in der Hand. Wir wissen nicht, ob – wenn wir meinen, gut und richtig zu handeln – wir nicht gerade das Falsche tun, uns für das Falsche entscheiden.
Fest steht doch eigentlich nur eines: daß wir, um zu gedeihen als Geschöpfe dieser Erde, beides brauchen, Sonne und Regen, und daß sich im Dunkel das Helle und im Lichten die Finsternis verbirgt, und daß das eine nie ohne das andere zu haben ist.
Wenn wir die Liebe nicht auch als Leid erfahren, können wir uns ihrer auch nicht erfreuen.
Mit guten Wünschen für eine weitere Genesung, in Gedanken Dir nahe, bin ich

Deine Helen

Liebe Ingrid,

es hat mich betroffen gemacht, daß Du Dich zu den Behinderten zählst. Wer ist eigentlich nicht behindert?
Gibt es überhaupt Unterscheidungen, mit denen wir andere Menschen irgendwo einordnen können? Wir bestimmen, wer schön und wer häßlich ist, wer jung und wer alt, wer klug und wer dumm, wer gesund und wer krank ist. Wir haben uns eine Vorstellung vom Glück ausgedacht, der die Menschen nachjagen und sie doch nie erreichen. Sie ist unerreichbar, weil der Häßliche, der Alte, der Dumme, der Kranke aus dieser Vorstellung ausgeschlossen ist. Sie ist unerreichbar, weil sie sich mit dem Wunsch nach Ansehen und Ruhm verbindet.
Weißt du, in einer altchinesischen Erzählung wird von einem jungen Mann berichtet, der arm und unzufrieden ist, sich zu Höherem geboren fühlt und bitter über sein Leben klagt. Einmal kommt er zu einem Weisen und beschwert sich auch bei ihm wortreich über die Ungerechtigkeit der Welt. Schließlich schläft er ermattet über seinen Zorn bei ihm ein. Er träumt sein ersehntes Wunschleben: Auf der Stufenleiter der Rangordnung steigt er bis zu den höchsten Ämtern der Regierung auf, wird durch Verleumdung gestürzt, steigt wieder auf, wird erneut gestürzt, doch endlich gelingt es ihm, in hohen Ehren zu sterben. Er erwacht und fragt erregt: „Habe ich geträumt?" Da sprach der Mönch: „So und nicht anders verläuft der Weg, den man das große Glück des Lebens nennt."
So jagen viele Menschen einem Trugbild des Glückes nach; sie nähren sich davon, bewundert und beneidet zu werden, und

können sich ihres Lebens nicht freuen, weil sie immer Angst haben zu stürzen. Du schreibst mir, daß Du immer wieder zu den Krücken greifen mußt, weil das Gehen am Stock Dir noch viel Schmerzen bereitet. Wie gern würde ich Dir ein Wort des Trostes sagen. Aber über billige Worte bist Du hinausgewachsen; Du bist viel zu tapfer, als daß Du Mitleid haben möchtest. Ich frage mich, ob Du Trost überhaupt nötig hast; ob Du nicht viel mehr vom Glück weißt als manch einer, der ohne Schmerzen und ohne Krücken lebt.

Denn das ist ja nun wieder das Schöne, daß Du Dich freuen kannst, wie es nur wenige Menschen können. Woran liegt das? Ich habe Deinen Brief noch einmal Wort für Wort gelesen und bin bei dem einen Satz stehengeblieben „... meine Flügel sind gebrochen ...".

Ich kenne Dich nun schon so lange und weiß, wie sehr Du Deine Flügel liebtest. Du brauchtest ja auch kaum etwas dazu tun. Es war wie ein Aufwind, der Dich nach oben trug. Du warst beliebt. Du hattest Erfolg. Aber was waren es denn für Flügel, die Dich hinauftrugen? War es nicht der Ehrgeiz? Die Lust an der eigenen Stärke? Das Gefühl, etwas zu können, über mehr Energien zu verfügen als manche andere, die von Dir überflügelt wurden?

Ja, diese Flügel sind zerbrochen, und ich glaube, daß das große Schmerzen verursacht.

Doch meinst Du nicht, daß andere Flügel wachsen können? Flügel, um die Dich niemand bewundert und niemand beneidet; die in der schmerzlichen Tiefe durchwachter Nächte sich zu entfalten

begannen, als Du Deinen Halt fandest dort, wo Du Dich verlassen glaubtest …
Während ich das schreibe, sehe ich Dich vor mir. Du siehst mich von der Seite ein klein wenig lächelnd an und denkst: „Auf alles wißt ihr etwas zu sagen. Warum läßt Du meinen Satz nicht einfach so stehen, wie ich ihn geschrieben habe: ‚… meine Flügel sind gebrochen …'? Warum müssen gleich wieder neue Flügel wachsen? Nein, ich mag das nicht …"
Und ich gebe Dir recht, Ingrid. Glaub mir, ich würde oft angesichts eines Schmerzes lieber schweigen; und tue es auch oft. Aber die Worte, die ich Dir zur Ermutigung sage, sage ich auch mir. Denn auch ich zähle mich, wie Du, zu den Behinderten, zu den Menschen mit gebrochenen Flügeln.
Ich freue mich, daß wir uns bald sehen werden. Dann müssen wir nicht nur sprechen, sondern können auch schweigen und lachen und singen.

Deine Helen

Liebe Ingrid,

Du fragst mich in Deinem Brief, was erfülltes Leben sei. Du hast nachgedacht und meinst, es könnte doch wohl nicht einfach ein Leben sein, das – wie wir so schön sagen – intakt ist. Intaktes Elternhaus, ordentlicher Beruf, gesundes Familienleben bis zum schmerzlosen Sterben. Auch ein elitäres Leben, so schreibst Du, kann doch wohl nicht damit gemeint sein, ein Leben, das vielleicht von Geburt an durch den Namen vor anderen herausgehoben ist, dann folgt Eliteschule mit anschließender Karriere. Dünkel und Arroganz werden gepflegt und leben vom Neid und Bewunderung der anderen. Was aber ist erfülltes Leben, fragst Du. Ich weiß, daß im Hintergrund dieser Frage Deine schwere Krankheit steht, die Dich an so vielen Möglichkeiten, Leben zu gestalten, hindert. Ich weiß nicht, ob es überhaupt eine allgemeine Antwort auf diese Frage gibt oder ob nicht jeder Mensch seine eigene Antwort darauf finden muß. Wenn ich „erfülltes Leben" höre, fällt mir ein Wort aus einem Gedicht von Gottfried Benn ein: „Erfüllung ist schwer von Wunden, wenn es Erfüllungen sind."

Ich weiß, Ingrid, wie sehr Dich Deine Wunden schmerzen. Wenn Du so langsam an Deinen Krücken gehst und die Menschen so eilig mit gesunden Beinen an Dir vorbeihasten siehst. Wir haben oft darüber gesprochen. Ich weiß aber auch, es gibt noch ganz andere Wunden, die unsere Seele betreffen und die nicht weniger schmerzen. Die Wunden, die der Dichter meint …

Er meint Wunden, die uns das Erkennen schlägt. Das Wissen um das Vergehen dieser Welt und ihr qualvolles Sterben – und sie dennoch bejahen und lieben und vor der Zerstörung bewahren.

Mit Erfüllung meint der Dichter dieses lebenslange Ringen um Wahrheit und Sinn, ohne letztlich eine Antwort darauf zu bekommen: Das Aushalten im Widerspruch.
Da hält der eine seine schweren körperlichen Gebrechen Tag für Tag aus.
Ein anderer trägt und schützt sein behindertes Kind.
Ein anderer lernt nie Liebe kennen oder bleibt kinderlos und führt eine Ehe, die nur noch Last und Schuld ist.
Und gerade in diesen Wunden, in diesen unheilbaren, unstillbaren Wunden, liegt die Erfüllung.
Wenn ich morgens aufwache, sage ich immer als erstes: „Nimm diesen Tag mit beiden Händen, dankbar" – und staune, wieviel Schönes mir geschieht.
Da ist eine Begegnung mit einem Menschen. Vertrauen wird mir entgegengebracht. Oder ich entdecke eine verborgene Blüte, sehe den Himmel in seltenem Licht. Du weißt schon, daß ich jetzt so viel aufzählen könnte, was mich einen Tag lang froh und glücklich macht, ohne daß irgend etwas Besonderes dabei wäre.
Kennst Du die Plastik von Ernst Barlach: „Der Begnadete"? Er sieht aus wie einer, der überwältigt ist vom Reichtum und der Fülle des Lebens. Wer aber das Leben Ernst Barlachs kennt, der weiß auch, wie sehr er es erleiden mußte. Das eine läßt sich eben nicht vom anderen trennen.
Ich glaube schon, daß erfülltes Leben nicht nur schwer an Wunden, sondern immer auch reich an Freude ist. Leben aus Gnade – es muß nicht verdient, es darf einfach angenommen werden.

Mir tun die Menschen immer leid, deren Augen nur sehen, was ihnen fehlt, und die darum bemüht sind, dem nachzulaufen. Es ist viel weniger anstrengend, die Augen auf das zu richten, was da ist: und sich daran zu freuen. Meistens ist es mehr als genug.
Könnten wir nur wieder lernen, daß es weniger die Schätze sind, nach denen unser Herz verlangt, als vielmehr die eine kostbare Perle, die in uns selbst verborgen ist.
Ich wünsche Dir, daß Du sie findest und damit erfülltes Leben, nach dem Du Dich sehnst.

Deine Helen

Antwort auf die Frage nach dem Glück

Glücklich ist ein Mensch,
der sich freuen kann,
der staunen kann,
der ehrfürchtig
dem Leben zugetan ist.

Liebe Hanna,

Du hast mich gefragt, warum Du nicht glücklich sein kannst. Diese Frage stellen sich viele Menschen. Ich möchte versuchen, darauf zu antworten.

Was ist Glück? Jeder versteht etwas anderes darunter. Meist suchen wir es dort, wo unsere ungestillte Sehnsucht wohnt. Wäre aber unsere ganze Sehnsucht gestillt, wäre auch alles Glück dahin, denn wie sollte ein Mensch glücklich sein, dessen Seele satt und zufrieden ist?

Wenn ich bei Gelegenheit antworte: „Ja, ich bin glücklich!“ – dann werde ich angeschaut wie jemand, der etwas Verbotenes gesagt hat ...

Ich habe einmal ein Wort gelesen. Ich glaube, es stand auf einem Kalenderblatt. Es lautet:

Glück ist da / nahe am Nichts / nahe beim Alles / eigentlich immer / zum Greifen / nahe. Das ging mit mir, einfach so, durch Tage und Nächte, durch Wochen und Monate. Es hat mich aus einer tiefen Schwermut erlöst. Es bekam den Duft einer Rose, das Bild eines Schmetterlings, den Geschmack von frischem Brot. „Glück ist da“, hörte ich mich sagen. Mir war diese Botschaft ganz neu, denn ich dachte, für mich gäbe es nur Unglück und Trauer, Schuld und Angst und natürlich Leiden, Kreuz, Not und Tod. Ich dachte, wenn Glück da ist, zum Greifen nahe, dann brauche ich mich nur umzudrehen, mich ihm zuzuwenden – und alles wird gut.

In einer Gesprächsrunde sagte kürzlich eine Teilnehmerin sehr erregt: „Ich kann es nicht mehr hören, dieses Wort ‚Glück‘,

‚glücklich'. Zufrieden sein mit mir und der Welt, das genügt doch!"
Daraufhin verstummten die anderen, und wir sprachen nicht weiter vom Glück, von dem so viele Märchen sprechen. Wir sprachen von anderen Dingen.

Wohin sind wir gekommen, daß wir uns schon das Wort „Glück" verbieten lassen?

Wenn über Vergewaltigungen oder Mord oder Ehebruch oder Krankheit geredet wird, wie gespannt hören alle zu. Was hat das kleine Wort „Glück" denn getan, daß man es nicht mehr hören will?

Jedem Wort liegt ein Bild zugrunde, das tief in unserer Seele aufbewahrt ist. Wie mag es aussehen, dieses Bild namens Glück?

Was kommt mir da in den Sinn?

Glücklich ist ein Mensch, der sich freuen kann, der lachen kann, der staunen kann, der ehrfürchtig dem Leben zugetan ist. Ich habe einen Nachbarn um zwei Ecken, fast hätte ich es vergessen, ein Herr von 80 Jahren, geht am Stock und hat sicherlich viele Beschwerden, aber ich habe ihn nie klagen hören. Er ist nicht verdrießlich, weder wenn es tagelang regnet, noch wenn heiß die Sonne scheint. Er ist nicht einfach zufrieden, nein, er strahlt Glück aus, und wenn ich ihm begegne, ist mir wohl.

Was ist Glück? Auf jeden Fall ansteckend.

Viele Menschen machen den Fehler, daß sie dem Glück nachlaufen: sie werden es nie erlangen, da es sich nicht greifen läßt. Glück ist immer da, es bedarf keiner Anstrengung, keiner

Mühe, wohl aber der Zeit, der Geduld und der Hingabe. Es läßt sich nur empfangen. Wenn es zu Dir kommt, nimm es freundlich auf, schenke ihm ein Lächeln; je weniger Du Dich bemühst, es festzuhalten, um so eher wird es wiederkommen.
Du sagst, es gibt so viele unglückliche Menschen, wie darf ich da glücklich sein? Weißt Du, mir hat noch keiner der vielen Unglücklichen herausgeholfen, wenn ich selbst im Unglück war. Glückliche Menschen schon! Vielleicht hängt das mit ihrer Liebe zum Leben zusammen.
Ich wünsche Dir, daß Du bald schon dem Glück begegnest. Es ist da, zum Greifen nahe.

Deine Helen

Brief an eine Frau, die in den Ruhestand tritt

Es gäbe keinen Krieg,
wenn alle Menschen
in der Muße
den Sinn ihres Lebens sehen könnten
statt in der Arbeit.

Liebe Irene,

wir kennen uns schon lange und haben auch schon manchmal von dem gesprochen, was nun eingetreten ist, nämlich daß Du Deine Arbeit, die Dir durch Jahre hindurch ans Herz gewachsen ist, in andere Hände legst.
Was Abschied ist, haben wir beide in unserem Leben oft genug erfahren. Wir scheiden von einer Stadt oder einem Land, von Menschen, die wir lieben, von Kindern, die erwachsen geworden sind, von Arbeitsstellen und Freunden, von Lebensphasen, die abgeschlossen sind.
Abschied ist andauernd, weil sich nichts wirklich wiederholt. Deshalb sollten wir lernen, abschiedlich zu leben – damit meine ich das Wissen, daß am Ende der endgültige Abschied steht, der Tod. Viele Menschen erfüllt dies mit Wehmut und Trauer, nur wenige mit Zuversicht und Freude.
Was für mich Abschied bedeutet, habe ich erfahren nach wunderschönen Ferienwochen auf einer Nordseeinsel. Am letzten Abend ging ich noch einmal den Strand entlang. Das Meer umspülte meine bloßen Füße. Die Sonne jagte alle Farben über den Himmel, bis sie langsam ins Meer eintauchte und versank.
Damals begriff ich, daß dieser Augenblick nie wiederkehren wird. Aber ich begriff auch, daß Zeit Ewigkeit ist und daß darum nichts, gar nichts verlorengeht, was einmal unsere Seele berührt hat. Bei aller Wehmut hat mich das mit tiefem Glück erfüllt.
Seitdem steigt immer dieses Bild in mir auf, wenn ich Abschied nehmen muß.
Vielleicht trägst Du auch solch ein Bild in Deinem Herzen, das nur

Dir allein gehört. Wo Zeit und Ewigkeit, Trauer und Freude zusammenfallen. Dann kannst du gelassen und heiter einen kleinen Pfad treten durch den Abend Deines Lebens.
Gewöhnlich wird der Ruhestand als „letzte" Lebensphase bezeichnet. Mit Blumen, guten Worten, freundlichen Reden wird der Abschiednehmende in einen weichen Sessel gebettet und sanft hinausgeschoben. Mindestens der Übergang soll weich sein. Viele Menschen haben Angst davor. Warum eigentlich?
Man muß sich doch nur einmal klarmachen, daß für jeden Menschen, wirklich für jeden, diese „letzte" Zeit doch alle Tage besteht – weiß ich denn, wann ich abberufen werde? Niemand kennt doch das „letzte Stündlein" im voraus; übrigens stört es mich überhaupt nicht, daß diese Verkleinerungsform den Tod gewissermaßen freundlich bei der Hand nimmt!
Ich wünschte sehr, daß Du diese ‚letzte' Lebenszeit liebhaben kannst: daß Du sie nicht schnell verplanst, sondern daß Du sie wie ein Kind empfängst und endlich Zeit zum Spielen findest. Mit Spielen meine ich ungefähr das, was im I Ging, dem Chinesischen Weisheitsbuch, so steht: „... sie saßen ruhig und ohne sich zu rühren da, und alles ordnete sich von selbst durch ihr Nichthandeln."
Wir sind doch so erzogen, daß Nichtstun, Faulenzen, Herumstehen ungefähr das Schlimmste ist. Damit bin ich nicht einverstanden. Müßiggang kann ein Laster, kann aber auch eine Kunst sein, nämlich dann, wenn wirklich Muße dabei ist. Darunter verstehe ich Freude an meinem persönlichen Leben, Freude an meinen

Möglichkeiten und Talenten, Freude, die mich dann auch mit anderen verbinden kann.
Das ist meine feste Überzeugung: Es gäbe keinen Krieg, wenn alle Menschen in der Muße den Sinn ihres Lebens sehen könnten statt in der Arbeit.
Dann würden sie nämlich ihr Leben so liebhaben, wären damit so beschäftigt zu entdecken und zu entfalten, was an Gaben und Möglichkeiten in ihnen liegt, daß sie gar nicht auf die Idee kämen, ihr Leben und das Leben anderer zu zerstören.
Zeit ist die Voraussetzung der Liebe. Wir aber müssen leider krank oder alt sein, damit wir Zeit haben dürfen.
Du bist nun in den wunderbaren Stand getreten, wo Du Zeit haben darfst, ohne Dich schämen zu müssen. Du wirst niemand darüber Rechenschaft ablegen müssen, was die Zeit Dir schenkt.
Ich grüße Dich mit ein paar Zeilen, die mir die Muße schenkte:

Auf dem Grund der Stille
einsam nach Worten suchen
wie nach Muscheln.
Leere Schalen aufheben
vom Sand.
Und
mit neuem Leben füllen.

Deine Helen

Ein Brief zum 60. Geburtstag

Wenn alle,
die gerecht sein wollen,
von Kindern und Dieben lernen könnten,
um wieviel glücklicher wären wir.
Bedenke:
Leben ist einfach.

Lieber Wolfgang,

vor 60 Jahren wurdest Du geboren. Du warst ein Baby, rosig und rund, bewundert und willkommen geheißen auf dieser Erde, die wir ein Jammertal nennen – und die doch selten ein Mensch gerne verläßt.
Inzwischen hast Du einen großen Teil des Tales durchwandert und manchen Berg erklommen, hast Tage der Freude genießen können und Tage des Leides trauernd durchstehen dürfen.
Heute, ein Tag, an dem viele Menschen mit Blumen und Geschenken kommen werden, um Dich zu ehren, wirst Du einsam sein; denn Du bist nun einmal ein aufrichtiger Mensch.
Du weißt, daß alles, was Dir gelungen ist in Deinem Leben, Du Dir nicht selbst verdankst. Darum möchte ich heute auch nicht in das Lob der vielen einstimmen, sondern Dir einfach gratulieren, daß Du es erreicht hast, dieses 60. Jahr.
Auch das verdankst Du nicht Dir selbst. Ich frage mich, aus welchem Anlaß dieser Geburtstag so besonders gefeiert wird. Es mag sein, weil er das Alter eindringlich einläutet.
Heiße es willkommen wie einen lieben Gast, der Dich beschenken will.
Was ich Dir wünsche, ist ein heiteres Herz, das Zuversicht und Freude ausstrahlt. Es gibt ein schönes Wort, das heißt: „Um den Abend wird es licht sein." Es umschreibt in einem Bild, was ich meine; die stille Schönheit und der Friede, der auf einem Abend liegt. Für viele Menschen ist ‚Altwerden' mit Angst besetzt. Sicherlich auch für Dich, und ich will mich nicht ausnehmen.

Aber was Angst macht, ist nur das äußere Bild, die Falten, die sichtbar werden, das Haar, das grau wird und dünn, das Nachlassen der Kräfte.
Das Bild des lichten Abends aber ist ein inneres Bild, ein Seelenbild. Es weist auf den Reichtum, den unser Auge nicht sieht.
Mit dem Abnehmen des äußeren Menschen ist ein Zunehmen des inneren verbunden, ein Reifwerden zum Sterben. Die Hauptlast Deines Lebenswerkes, Streben nach Erfolg und Anerkennung, das liegt hinter Dir. Die Zeit, die Dir noch bleibt, wird intensiver sein, reich an Dichte und Tiefe. Manchmal wirst Du scheu an ein Geheimnis des Lebens rühren, wirst erkennen, daß das meiste, um das Menschen sich mühen, nur ein schöner Schein ist; daß Täuschung ist, was sie bewundern; daß wirkliches Leben sich da vollzieht, wo unser Verstand gar nicht hinreicht – in sehr unscheinbaren Dingen. Leben ist einfach. Mich hat im Innersten nur überzeugen können, was einfach ist – oder anders gesagt, ich kann nur lieben, was einfach ist.
Wieviel schwingt in dem Vers von Matthias Claudius mit, wenn er in seinem Abendlied schreibt:

„Seht ihr den Mond dort stehen,
er ist nur halb zu sehen
und ist doch rund und schön.
So sind auch manche Sachen,
die wir getrost belachen,
weil unsre Augen sie nicht sehn."

Heiter wird unser Leben dann, wenn wir diese unsichtbare Seite, „die wir getrost belachen“, ernst nehmen. Ich meine, daß wir es geduldig lernen können, hinter dem allzu Reichen den Armen zu sehen; hinter dem Stolzen den Hilflosen; hinter dem Erfolgreichen den Geopferten. Ich meine, daß wir es lernen können, den ganzen Menschen liebevoll zu umfangen, weil das, was wir an ihm vermissen, nur im Dunkel liegt.
Was ich Dir wünsche, lieber Wolfgang, ist wenig – und doch sehr viel. Es ist das Selbstverständliche, was sich doch nicht von selbst versteht.
Ich wünsche Dir Zeit, die Dir gehört. Ich meine damit Zeit, in der sich Dir Neues erschließt, sich etwas öffnet, was Dich staunen läßt. Es kann eine Blume sein, die Du tausendmal gesehen hast und doch zum erstenmal siehst. Es kann ein Satz sein, den Du tausendmal gehört und doch zum erstenmal hörst; eine Melodie, die Dir ans Herz greift; ein Bild, das Dich bewegt.
Zeit, die Dir gehört, das ist Zeit aus Einsamkeit und Schweigen geboren, die Dir ein Wunder schenkt.
Du hast Dich in Deinem Leben stets als ein Mensch verstanden, der mit seinem ganzen Wesen, Denken und Handeln Gott dienen wollte. Du wolltest Werkzeug sein, durch den ein anderer wirkt. Ich habe an Dir immer die Bescheidenheit geliebt. Nie habe ich Dich prahlen sehen; nie erlebt, daß Du Dich vorgedrängt hast. Laß Dich deshalb heute grüßen mit einer Erzählung der Chassidim, in der ein jüdischer Zaddik nach den Grundsätzen rechten Dienens gefragt wird.

Der Zaddik antwortet:

Die zehn Grundsätze kann ich Dich nicht lehren,
aber Du magst zu einem kleinen Kind und zu einem
Dieb in die Lehre gehen. Drei Dinge wirst Du von
dem Kind lernen:
Es ist fröhlich, ohne eines Antriebs zu bedürfen;
keinen Augenblick verweilt es müßig;
woran es Mangel hat, weiß es kräftig zu begehren.
In sieben Dingen wird Dich der Dieb unterweisen:
Er tut seinen Dienst in den Nächten;
Erlangt er's nicht in einer Nacht,
wendet er die kommende dran.
Er und seine Werkgenossen lieben einander.
Er wagt sein Leben um ein Geringes.
Was er erbeutet hat, gilt ihm so wenig,
daß er es für die schlechteste Münze hingibt.
Er läßt Schläge und Plagen über sich ergehen,
es ficht ihn nichts an.
Sein Handwerk gefällt ihm wohl, und
er tauscht es gegen kein anderes ein.

Ach, könnten alle, die gerecht sein wollen, von Kindern und
Dieben lernen. Um wieviel glücklicher wären wir.

Es grüßt Dich Deine Helen

*Brief an eine Frau von 23 Jahren,
die nach einem Verkehrsunfall
vom Hals bis zu den Füßen gelähmt ist*

Worte helfen Ihnen nicht.
Aber ich will Ihnen sagen,
was mir schon geholfen hat.

Liebe Frau Marianne,

Sie wissen es nicht, aber seit Ihrem Unfall, der bald ein halbes Jahr zurückliegt, begleiten Sie mich. Immer wieder wandern meine Gedanken zu Ihnen. Ich frage mich, was Ihr Schicksal zu bedeuten hat. Sicherlich, wenn ich durch die Klinik gehe, in der Sie liegen, scheint es ganz natürlich, daß Menschen sich im Rollstuhl bewegen oder auch, wie Sie, still darin sitzen. Ich fühlte mich fast beschämt, daß ich Beine zum Laufen und Hände zum Greifen habe, daß ich so selbstverständlich mit meiner Gesundheit umgehe, als gehöre sie mir. Wir denken ja immer, wir hätten einen Anspruch auf Mann und Kind, auf Haus und Hof, auf Gesundheit und langes Leben. Wir leben so, als gehöre das Leben uns, als sei es ein Besitz, den niemand angreifen dürfe.
Manchmal setze ich mich ganz still auf einen Stuhl, lege die Hände nebeneinander in meinen Schoß, so wie ich es bei Ihnen sah. Ihr Bild hat sich tief in mir eingeprägt.
Ich versuche zu fühlen, wie das ist, dem anderen die Hand nicht reichen können zum Gruß, die Hand nicht zum Mund führen können, kein Buch umblättern können, keinen Stift in die Hand nehmen, um etwas aufzuschreiben.
Ich versuche mich einzufühlen, wie das ist, nicht aufstehen zu können, wenn einer ruft; keine Stufe nehmen, nicht mal schnell was holen. Da klingelt es an der Tür: schon springe ich auf, nehme ein Päckchen an, unterschreibe und bin wieder voll drin.
Nein, nie wird ein Mensch, der nicht wirklich gelähmt ist, ahnen, wie einem zumute ist, der wie Sie ganz auf seine körperliche Beweglichkeit und Selbständigkeit verzichten muß.

Aber, das ist nun meine Frage, mit der ich mich immer wieder herumschlage: ist körperliche Kraft, körperliche Fitness, körperliche Schönheit wirklich Anfang und Ende unseres Lebens – oder hat unsere Zeit sie dazu gemacht?
Ich habe lange gezögert, Ihnen diesen Brief zu schreiben. Weil das, was ich da schreibe, eigentlich nur ein Mensch schreiben darf, der ebenso still und unbeweglich und mit großen Schmerzen im Rollstuhl sitzen muß wie Sie. Vielleicht aber schreiben meine Hände heute etwas für Sie, was Ihre Hände jetzt nicht schreiben können.
Ich nehme meinen Mut zu diesem Brief nicht aus irgendeiner Überlegenheit, sondern aus einem tiefen Mitgefühl. Aus dem Gefühl, daß genauso gut ich an der Stelle sein könnte, an der Sie jetzt sind.
Auch ich habe in meinem Leben schon Situationen erlebt, wo eine Welt für mich zusammenbrach und mir jede Handlung unmöglich war. Da bleibt eben nur dies Warten, geduldig, mit zagem Vertrauen, Trauer, Einsamkeit. Wo Sterben geschieht um neuen Lebens willen.
Ich weiß, vor Ihrem Unfall hatten Sie Pläne, Sie wollten das Abitur nachmachen. Sie gingen auf ein Ziel los, hatten den ersten Schritt dazu schon fast erreicht. Pläne werden Sie jetzt nicht mehr machen, Worte helfen Ihnen nicht, aber ich will Ihnen sagen, was mir schon geholfen hat.
Sie haben Ihre Augen, Sie können sehen; lernen Sie, sie nicht nur zum Sehen, sondern auch zum Schauen zu benutzen.

Nehmen Sie sich Zeit, eine Blüte zu betrachten, wie sie so einfach erblüht; einem Vogel zuzuschauen; ein Kunstwerk in sich aufzunehmen.
Geben Sie Ihrer Seele Nahrung. Wenn Sie Musik lieben, hören Sie Musik, wirkliche Musik; hören Sie Gedichte, wieder und wieder, bis Sie sie auswendig können. Ihr Herz lebt und schlägt, lassen Sie Ihr Herz sprechen, lassen Sie es weinen, wenn es will, aber geben Sie ihm auch einen Raum der Freude. Ein Mensch kann ohne Arme und Beine leben, aber kein Mensch kann ohne Freude leben. Es gibt viel mehr verkümmerte Menschen, die sehr gut laufen und greifen können, es gibt so viele verdrießliche Menschen, die nichts mehr freut. Dabei ist Freude ein Glanz, der über jedem Leben liegt. Es hat Menschen gegeben, die sind aus der Asche ihres Lebens auferstanden zu neuem Sein. Es könnte doch sein, daß Ihr ungewöhnliches Schicksal Sie auf einen Weg stellt, den Sie jetzt noch nicht übersehen können. Niemand kennt den Sinn seines Lebens schon hier. Eigentlich gibt es nur einen Sinn. Ich würde ihn mit „Liebe" benennen.
Warum sollte nicht Liebe aus Ihrem gelähmten Leben hervorgehen können, an der andere Menschen genesen? Oder glauben Sie, daß die so *Gesunden* der Liebe nicht bedürfen? Es stimmt ja nicht, daß die Kranken allein die Hilfe der Gesunden brauchen, vielmehr brauchen die Gesunden der Hilfe der Kranken, nur sehen das unsere Augen so selten.

Von Herzen Ihre Helen

Briefe an einen Lebensmüden

Geh doch betteln, wenn Du magst!
Nur:
Hab Dein Leben lieb!
Denn dazu ist es Dir gegeben.

Lieber Jörg,

unser Gespräch von gestern abend ist mir noch lange nachgegangen. Du sagst: „Wozu soll ich leben? Es hat ja doch alles keinen Sinn!" Und leise hast Du hinzugesetzt: „Am liebsten würde ich Schluß machen."
Sicher, wer ehrlich gegen sich selbst ist, kennt solche Gedanken. Sie kommen plötzlich, ungefragt, und können bohren und stechen, und vielleicht ist es sogar gut, daß wir sie kommen lassen und nicht einfach verdrängen.
Du sagst, es seien nicht die Schlechtesten gewesen, die freiwillig ihrem Leben ein Ende gesetzt habe und hast an Dichter und Künstler erinnert. Nein, es waren wirklich nicht die Schlechtesten. Es waren immer sehr sensible, leidende Menschen, die dieses Leben nicht mehr ertrugen. Menschen, die litten, wo andere schrien. Menschen, die wehrlos waren, wo andere schlugen.
Wir haben eben nicht einfach ein Hirn und einen Körper, sind nicht nur Tiere mit Verstand, sondern wir sind eine Seele, die kann weinen und trauern, ohne daß es ein anderer sieht; die kann seufzen und sich sehnen, ohne daß es ein anderer merkt; die kann an der kalten Gleichgültigkeit mancher Menschen wund und krank werden – und die Vorübergehenden sagen: „Wie braungebrannt Du bist ..."
Ich will Dir jetzt einfach ein paar Gedanken sagen, die mir heute nacht kamen. Zuerst war ich einfach traurig. Ich dachte an Menschen, die schwer krank sind und wissen, daß sie nur noch kurze Zeit zu leben haben. Wieviel gäben sie für eine kleine Spanne Zeit! Wie kostbar ist ihnen ihr Leben!

Sie fragen gar nicht nach einem Sinn. Leben allein ist Sinn genug. Dasein, sich an der Sonne und den Sternen freuen und an den Blumen und dem Ruf des Vogels. Es läßt sich gar nicht aufzählen, was alles zum Wunder wird, wenn ein Leben nicht mehr aus Dingen besteht, die man herstellen und dann wieder wegwerfen kann.

Dann dachte ich, daß es meistens Angst ist, die uns am Leben hindert.

Sie beginnt schon bei den Kindern in der Schule: die Angst, zu versagen, nicht mitzukommen, ausgelacht zu werden; später die Angst, erfolglos zu sein, zu verlieren, wo andere gewinnen; die Angst, nicht geliebt zu werden.

Aus Angst trauen wir uns nicht zu leben, sondern wir arbeiten und suchen Erfolge, indem wir ein Haus bauen, eine Reise machen, ein Kunstwerk kaufen – wir tun etwas mit unserem Leben, aber wir leben nicht wirklich.

Dann dachte ich an ein Wort von Augustin, dem Kirchenvater. Auch er hatte große Probleme mit sich und dem Leben, aber er hat nicht aufgegeben, sondern hat im Nachsinnen über sich selbst und in allem, was ihm geschah, Sinn entdeckt im Guten wie im Bösen. Er schrieb: „Die Seele nährt sich von dem, an dem sie sich freut." An diesem Satz kaue ich schon lange herum. Ungenießbar wird offenbar ein Leben dann, wenn ihm die Freude fehlt.

Siehst Du – und hier weiß ich nun auch nicht weiter: Was ist Freude? Es könnte der Sinn des Lebens sein, aber uns fehlt die Zeit oder die Muße oder einfach die Begabung dazu. Du bist jung und gesund, aber Du sagst: „Wozu soll ich leben? Es hat ja doch alles keinen Sinn!“

Ich meine, mit dem Wörtchen ‚wozu‘ nimmst Du Dir, noch bevor Du etwas beginnst, die Freude an der Sache. Es ist die Sache selbst, in die die Freude eingewickelt ist, und sie ist nicht in dem, was dabei herauskommt. Es ist der Tag und die Stunde, in der sich Freude verbirgt, und nicht das Ergebnis eines Tages oder einer Stunde. In allem ist Freude, aber es gibt nur wenige Menschen, die sie entdecken.

Wir fragen so viel und zweifeln so viel. Oft sind wir uns selbst ein Richter und verklagen und verurteilen uns. Wir quälen uns und suchen den richtigen Weg, statt daß wir *ja* sagen zu unserem Leben: zu dem, was ist. Ich glaube, unsere Seele wäre glücklicher, wenn wir nicht so streng mit ihr wären, ihr mehr Freiheit ließen und auf ihre Bedürfnisse Rücksicht nähmen. Wie man das tut? Nun, sicherlich indem man sich Zeit für sie nimmt.

Wieviel hast Du anderen Menschen zuliebe, wie wenig Dir selbst zuliebe getan? Meistens merken wir es gar nicht. Wir denken, wir tun etwas uns zuliebe, aber in Wirklichkeit tun wir es, weil es sich so gehört, weil es Sitte ist, weil man es uns so beigebracht hat – und so werden wir ein Werkzeug eines anonymen Willens, nur nicht wir selbst.

Wir töten uns ab, um zu funktionieren nach Vorschrift. Aber das alles brauchst Du doch nicht! Du darfst leben! Du darfst Dein eigenes Leben führen – anders als alle anderen, wenn Du willst! Geh betteln, wenn Du magst! Es ist ehrenhaft. Franz von Assisi bettelte auch. Male, schreibe, singe, pflanze Maulbeerbäume, pfeife auf die Moral, aber hab Dein Leben lieb, denn dazu ist es Dir gegeben, daß Du es liebhaben möchtest!

„Aber" – so denkst Du vielleicht – „wie soll ich mein Leben liebhaben, wenn es mich doch nicht freut?

Das ist ja mein Unglück, daß mich nichts freut, daß mir alles so völlig gleichgültig ist."

Und da sage ich Dir: „Schäme Dich! Da ist einer, der läßt die Sonne scheinen über Gute und Böse, über Gerechte und Ungerechte. Du lebst ein Leben voller Geheimnisse und Wunder, aber Du willst nicht."

„Doch", sagst Du, „ich will schon, aber ich kann nicht. Ich sehe nicht das Licht der Sonne, sondern Schatten; sehe Dunkelheit und Grausamkeit, sehe Angst und Folter und kann nicht glauben an einen, der ‚alles so herrlich regieret'. Ich sehe, wie Menschen sich abmühen und doch nichts zustande bringen, wie Krankheiten Menschen entstellen und der Tod Triumphe feiert ..."

In dem allem muß ich Dir recht geben. Und doch ist es eben nur die eine Seite. Wichtig ist, daß der Mensch, wo er nur Schatten sieht, daran denkt, daß es ohne Licht keinen Schatten gäbe. Eigentlich müßten wir immer beides in einem sehen.

Während ich das schreibe, denke ich, daß Argumente gar nicht helfen. Wer traurig ist, ist eben traurig, und kein Aufruf zur Freude kann ihn froh machen. Was Du tun kannst, ist eigentlich nur, Dich ganz Deiner Traurigkeit hinzugeben in der Gewißheit, daß sie nicht endlos währt.

Wie eine Nacht vorübergeht und ein kalter, strenger Winter, so geht auch vorüber, was Dir jetzt noch unüberwindbar erscheint. Oft fehlt uns einfach die Geduld, das ruhige Warten, bis sich wieder ein Licht zeigt.
Es gibt Zeiten, da kann man sich keinem anderen, nur sich selbst anvertrauen. Wenn Du einsam bist, denk an die Verlassenheit des Korns, das allein im Dunkel der Erde aufbricht; wenn Du einsam bist, denk, wie lange es währt, bis aus dem Schoß der Nacht neues Leben geboren wird.

Deine Helen

Ein Mann schreibt an seine Frau zu Hause

Ich weiß nicht, ob meine Kräfte
wieder zu- oder abnehmen werden –
aber
daß Du zu mir stehen wirst,
das weiß ich:
da liegt der Grund meiner Liebe zu Dir.

Liebe Christiane!

Es geht mir besser. Du weißt es, und ich denke von Tag zu Tag mehr an meine Entlassung aus ärztlicher Behandlung. Ich habe immer noch viel Zeit und lasse meine Gedanken wandern, sie gehen weit zurück in die Vergangenheit und machen zaghafte kleine Schritte in die Zukunft.
Und dann tritt mir unversehens Dein Bild vor Augen, und ich denke an Dich.
Unsere Ehe war in den letzten Jahren nicht einfach, wir haben viel miteinander durchstehen müssen, Du weißt es. Auch der Beginn meiner Erkrankung liegt schon Jahre zurück, und immer, wenn ich dachte, sie wäre überwunden, kam ein Rückschlag, bis es so schlimm um mich stand, daß ich dachte, sterben zu müssen.
Ein Mensch, der krank ist, sieht meistens nur sich. Er hat Angst um sein Leben. Angst macht eng, verstellt einem den Blick für die Weite und Schönheit der Welt und für die Liebe des anderen.
Jetzt, wo es mir besser geht, kommst Du, meine liebe Frau, mir vor allen anderen in den Blick.
Ich möchte Dir danken, daß Du mich all die Jahre ertragen hast. Immer wieder hast Du versucht, mir zu zeigen, daß Du mich lieb hast, auch wenn ich es Dir sehr schwer gemacht habe. Du hast es mich spüren lassen, daß Du mich brauchst, ohne von mir abhängig zu sein. Es war mir in meiner Krankheit, fern von zu Hause, immer ein heimlicher Trost zu wissen, daß Du Dich kümmerst, daß Du, ohne Dich zu beklagen, die Sache fortführst, die notwendig ist. Du gehörst nicht zu den sentimentalen Frauen, die am Bett weinen, Du machst nicht viel Worte, wenn ein Unglück

geschieht. Du kamst oft nur zu einem kurzen Besuch, aber Du warst zuversichtlich, und Dein Mut und Dein Vertrauen stärkten mich.
Ich weiß heute, daß Du auch schwer getragen hast, daß Du auch schlaflose Nächte mit viel Angst um meinetwillen ertragen mußtest. Ich weiß heute, daß ich Dir schwer zugesetzt habe mit meiner Niedergeschlagenheit. Meinen ganzen Zorn und Grimm auf meine Krankheit habe ich auf Dich geworfen. Ich weiß heute, daß Du manchmal meintest, verzweifeln zu müssen, und am Ende Deiner Kraft warst. Aber Du zeigtest es nicht.
Auch die nächste vor uns liegende Zeit wird für uns beide nicht leicht sein. Ich werde noch nicht so können, wie ich möchte, werde immer wieder mit mir und meinem Versagen zu tun haben, mir fehlen noch die physischen und psychischen Kräfte, um das Leben allein bestehen zu können, Du wirst noch viel Geduld mit mir und meinem Verdruß haben müssen.
Gerade deshalb schreibe ich Dir heute aus der Ruhe und dem Abstand, den ich gewonnen habe, diesen Brief, um Dir zu sagen, was ich Dir so oft nicht sagte, daß ich Dich liebe. Nicht so, wie in den Tagen, da wir heirateten und in den darauffolgenden Ehejahren, da war es keine Kunst, einander zu lieben – aber jetzt ist es eine Kunst.
Ich habe eine Liebe für Dich, die ganz unten ansetzt, da, wo der Mensch schwach ist und den anderen nötig hat; nicht seine Leistung, seine Tüchtigkeit, sein äußeres Gehabe, sondern sein schlichtes Dasein, sein inneres Wesen. Ich liebe Dich, weil auf

Dich Verlaß ist, weil Du mich nicht im Stich gelassen hast und ich gewiß bin, Du wirst mich auch in Zukunft nicht verlassen.
Ich liebe Dich, weil ich Deine Nähe spüren konnte in schweren Tagen und Deine Wärme, wenn ich zitterte vor Angst. Wir führen keine Musterehe, wir haben viele Auseinandersetzungen gehabt, Du kannst scharf, kantig und verletzend sein; ich auch. Du bist immer Deinen Weg gegangen, ich habe das oft als hart erlebt. Heute glaube ich, es war richtig so. Nur wenn jeder selbst seinen Weg geht, können wir uns in der Gemeinsamkeit treffen und finden.
Ich liebe Dich, Christiane.
Nicht weil Du besonders gut oder edel oder selbstlos bist: sondern weil Du den Mut hast, anders zu sein und zu denken als ich. Gerade das stärkt mich, auch wenn es mich oft an Dir ärgert. Es wird soviel über Krisen geschrieben, Lebenskrisen, Ehekrisen. Vielleicht sind sie gut und notwendig, wenn der Mensch willig ist, sie zu durchleiden, um daran zu wachsen und zu reifen und als ein neuer Mensch daraus hervorzugehen.
Wir beide, Du und ich, haben eine Krise durchstanden und dürfen deshalb voller Zuversicht ins Leben schauen. Ich weiß nicht, ob meine Kräfte wieder zu- oder weiter abnehmen werden, das steht nicht in meiner Hand, aber daß Du zu mir stehen wirst, das weiß ich: da liegt der Grund meiner Liebe zu Dir.

Von Christian Morgenstern fand ich heute dieses schöne Gedicht:

Knospe des Lebens, brichst Du noch einmal auf?
Ich lag vom Tod erschüttert bis über die Seele,
ich war erstarrt bis in den innersten Traum.
Traumlos, so schlief ich, über dem qualbewußt,
daß ich so traumlos schlief.
Nun regt sich's wieder von neuem im stummen Grund,
und geisterhafte Saaten, nicht mehr erhofft,
gehn noch einmal aus schweigenden Äckern auf.
Knospe des Lebens, faltest Du noch einmal
zartschimmernd Blatt auf Blatt keusch auseinander,
blühst dem Sonnenkuß der ewigen Liebe
noch einmal entgegen?
Lenz eines neuen Glücks,
springst Du aus diesem Boden noch einmal auf?

Damit möchte ich Dich grüßen.
Bis bald,

Dein Robert

Eine Frau schreibt an ihren Mann im Krankenhaus

Wenn Du heimkommst,
werden wir es neu lernen müssen,
miteinander umzugehen.
Manchmal denke ich,
wir könnten noch einmal
ganz von vorn anfangen.
Aber wie?

Lieber Robert,

bald kommst Du heim von Deinem langen Krankenhausaufenthalt. Da geht viel in mir um an Erwartung und Hoffnung und Furcht. Ich möchte Dir schreiben, weil sich manche Dinge eben besser schreiben als sagen lassen.
Ich habe viel über uns nachgedacht in den Monaten des Alleinseins. Mir kam unsere Hochzeit wieder in den Sinn, dieser fröhliche Tag ohne Schatten. Weißt Du, was mir aus der Traupredigt noch in Erinnerung geblieben ist? Ein einziges Wort: „Dienemut". Der Pfarrer hatte ihn mir als einer berufstätigen Frau besonders anempfohlen. Ich habe dann ja auch versucht, dienemutig zu sein. Manchmal war ich wohl auch dienewütig bis zur Selbstaufgabe.
Ursprünglich heißt das Wort ja Demut. Der Pfarrer wollte es uns verständlich machen, indem er es in Dienemut übersetzte. Wenn ich ehrlich bin, Demut gefällt mir besser. Ich verstehe es auch anders, nicht als Pflicht zum Dienen. Überhaupt sollten wir aus diesen schönen, stillen, geduldigen Worten keine Imperative machen, sondern ihnen zutrauen, daß sie Kraft genug in sich haben, um aus sich selbst zu wirken.
Demut erfüllt mich, wenn ich eine Blüte betrachte oder einen Abendhimmel über einer Landschaft; ein schlafendes Kind, das Gesicht eines Sterbenden, ein einfaches Lied. Ja, alles, was mich wirklich bewegt, macht mich zugleich demütig. So auch unsere Liebe, unser gemeinsamer Lebensweg durch viele Jahre.
Es war ja kein großartiges Abenteuer, aber es waren doch Stunden des Glücks darin, des Einverständnisses, des Miteinander-Leidens.

Weißt Du noch, wie bewußt wir beide die Geburt unseres ersten Kindes erlebten, wie wir es staunend als kleines Wunder der Schöpfung betrachteten, an dem wir Anteil hatten; und dann, als unser kleiner Sohn starb, wie ratlos wir einer beim anderen Schutz und Trost suchten? Weißt Du noch, unsere Ferien, wie übermütig und verschwenderisch wir genießen konnten?
Manchmal frage ich mich, ob das denn nun alles ganz und gar für immer vorbei ist. Du bist so ernst geworden. Die Krankheit hat Dich verändert. Du bist durch Angst und Schmerzen gegangen und hast das Leben von der Seite des Hilflosen aus kennengelernt.
Wie einsam warst Du, als Du dalagst, kaum sprechen konntest noch die Hand heben, an Schläuche und Apparate gebunden. – Aber ich war auch einsam, wenn ich an Deinem Bett saß oder die tägliche Arbeit verrichtete. Du lagst still in Deinem weißen Bett, und ich war oft grenzenlos müde und erschöpft. Du brauchtest Rücksicht und Schonung, alles wurde Dir abgenommen, weil Du Dich nicht aufregen solltest. Mir aber wurde viel auferlegt in dieser Zeit. Keiner hat gefragt, wie und ob ich es schaffe. Ich bin selbständiger geworden, mußte handeln, ohne vorher mit Dir sprechen zu können. Vielleicht bin ich auch härter geworden, weil ich durchhalten wollte.
Wenn du heimkommst, werden wir es neu lernen müssen, miteinander umzugehen. Wir wollen Geduld haben. Manchmal denke ich, wir könnten noch einmal ganz von vorn anfangen, einen neuen Lebensabschnitt beginnen, anders leben als bisher. Aber wie?

Sicherlich wächst das Neue genauso langsam, wie das Alte stirbt. Wenn wir nur kleine Schritte tun, es lernen könnten, das Leben, nein, unser Leben liebzuhaben, das gekränkte und gedemütigte, arme, schwache Leben Tag für Tag liebhaben wie ein Kind, das uns nicht gehört, sondern anvertraut und darum kostbar ist.
Wir haben beide, jeder für sich, die Angst durchschritten, die Schuld, den Schmerz. Wir wissen, daß wir Gäste sind auf Erden, die hier keine bleibende Stätte haben. Laß uns das, was bleibt, den Rest unseres Lebens dankbar genießen. Ich meine, laß uns versuchen, jeder für sich, glücklich zu sein, da hilft einer dem andern am meisten. Es sind ja gar nicht die äußeren Dinge wie das Amt, das Geld, das Haus, der Erfolg, die uns zuinnerst froh machen, sondern der innere Reichtum, der uns das Leben und alle Dinge neu sehen lehrt. Die Alten nannten es Gnade, warum sollten wir es anders nennen.

Deine Christiane

Brief eines Mädchens an den Freund.
Er liegt nach einem Unfall auf der Intensivstation

Den Sinn erhält das Leben
einzig durch die Liebe.
Je mehr wir zu lieben
und uns hinzugeben fähig sind,
desto sinnvoller wird unser Leben.

Hermann Hesse

Lieber Jürgen,

ich habe heute, als ich von der Arbeit kam, eine Stunde an Deinem Bett gesessen. Du hast nichts davon gemerkt, denn Du bist noch bewußtlos. Ich habe nicht geweint. Ich habe nicht gesprochen.
Ich war ganz still. Nur einmal habe ich für kurze Zeit meine Hand auf Deine gelegt.
Ein paar Vogelstimmen drangen herein und erinnerten mich daran, daß Mai ist. Ja, ich hatte Dir auch ein paar Maiglöckchen mitgebracht. Aber Blumen sind auf einer Intensivstation nicht erlaubt. So nahm ich sie wieder mit und stelle mir vor, Du hättest sie mir geschenkt.
Du hättest sie auch nicht sehen können, denn Deine Augen sind vom Unfall ganz zugequollen. Dein Kopf ist verbunden. Hätte mich die Schwester nicht zu Dir geführt, ich hätte Dich nicht erkannt – und doch bist Du es, Du, den ich liebe.
Ich schreibe Dir, obwohl ich weiß, daß Du den Brief nicht lesen kannst, einfach weil ich mit Dir reden möchte, auch wenn Du jetzt nicht antworten kannst. Ich schreibe Dir, weil ich hoffe, daß wir eines Tages wieder miteinander sprechen und lachen und uns lieben können. Du, das Leben ist kostbar und schön. Ich weiß es erst, seit ich Dich so liegen sah, so hilflos und blaß und still.
Ich weiß jetzt erst, wie schön es ist, einen Freund zu haben; wie schön es ist, glücklich zu sein.
Es kommt mir vor, als wäre ich älter geworden, reifer, seit ich bei Dir saß. Als hätte Dein Unfall aus mir eine Frau gemacht. Ich war einfach verliebt, wie die anderen um mich herum auch. Ich habe nicht gefragt, ob Du der Richtige bist, ob ich Dich heiraten will.

Ich fand es einfach schön, daß Du da warst, daß es Dich gab. Wozu, dachte ich, sollen wir uns binden, da wir noch so jung sind. Das Leben liegt noch vor uns. Alles ist offen.
Aber nun ist der Schmerz in meine Verliebtheit gefallen und hat, was flach war, tief gemacht. Ja, heute, als ich bei Dir war und nicht wußte, ob es ein Abschied für immer wird oder ein Neubeginn, da fühlte ich, daß ich Dich liebe.
Als ich später aus dem kühlen abgedunkelten Raum heraustrat, in dem Du liegst und beatmet wirst und Blut zugeführt bekommst, da schien es mir warm. Ich konnte noch die Sonne sehen und die Fülle der Maienblütenpracht. Der Gegensatz tat mir weh.
Da drinnen ringst Du mit dem Leben, und draußen leuchtet die Natur so, als gäbe es den Tod nicht. Da erst begann ich zu weinen.
Warum ist das so? Warum wurdest ausgerechnet Du angefahren? Warum ist das Leben so grausam, uns auseinanderzureißen?
Wie gerne würde ich mit Dir darüber sprechen, würde Dich fragen, ob Du eine Antwort weißt. Aber es gibt keine.
Ich hätte große Lust, mit Dir zu tanzen, zu wandern, zu schwimmen, irgendwohin mit Dir zu reisen und durch enge Gassen zu schlendern. Es kann doch nicht alles vorbei sein. Es hat doch noch gar nicht richtig angefangen. Unsere Liebe, meine ich. Meine Liebe zu Dir, die ich erst heute wirklich entdeckt habe.
Ich könnte beten, aber ob das hilft?
Der Gott, der zuließ, daß Du auf die Straße geschleudert wurdest, wo Du blutend als kleines Häuflein Mensch liegenbliebst, der kann auch zulassen, daß Du Dein Bewußtsein nicht wiedererlangst,

daß jede Hilfe für Dich zu spät kommt. Es sterben so viele junge Menschen auf der Straße. Jeder von ihnen hat mindestens einen Menschen, der ihn liebt. Ich glaube nicht an diesen Gott da oben, nein, verzeih mir, ich kann es nicht – aber ich glaube an die Liebe, die ich in mir spüre, stark und lebendig.
Du, wenn es stimmt, daß diese Liebe von Gott kommt, dann will ich glauben, ja, dann gibt es Hoffnung für Dich und für mich. Schlaf gut, behütet von der Liebe! Morgen werde ich wieder nach Dir schauen. Ob Du wohl wach bist, wenn ich komme?

Deine Jutta

Brief einer Großmutter an ihre Enkelin zur Konfirmation

Immer, zu allen Zeiten
hat es nur den kleinen Funken Hoffnung gegeben
inmitten einer untergehenden Welt.
Aber eben dieser Lichtfunke trägt.

Liebe Ulrike,

Du weißt, ich kann Dich heute nicht in die Kirche begleiten. Ich höre die Glocken läuten und bin in Gedanken bei Dir. Die Gedanken in dieser Stunde möchte ich Dir aufschreiben. Ich möchte sie Dir schenken.
Es ist nicht viel, was wir Alten Euch Jungen voraushaben: Eine kleine Spanne Zeit, eine kleine Handvoll Erfahrungen. Die Generation, zu der ich gehöre, hat viel gearbeitet. Sie hat Trümmer abgeräumt und Hochhäuser errichtet und das Zeitalter heraufgeführt, das Ihr werdet bestehen müssen. Wir nennen es atomare Bedrohung. Hätten wir, statt mit Eifer und Fleiß Türme in den Himmel zu bauen, nach den Schätzen gegraben, die tief verborgen sind; hätten wir uns Zeit genommen für die Wunden, die der Krieg geschlagen hat, für Angst und Leid und Grauen, wer weiß, wie unsere Erde heute aussehen würde.
Meine Generation hat die Erde ausgebeutet und vergewaltigt und den Götzen, die Reichtum und Wohlleben versprachen, gedient.
Du gehörst nun zu einem Volk, das stolz dasteht in der Welt, bewundert und gefürchtet wird. Der Friede, der nun mehr als 40 Jahre anhält, ist auf Angst gegründet, weil das Vertrauen verlorenging. Die Aufgabe Deiner Generation, mein liebes Kind, wird hoffentlich darin bestehen, Vertrauen zurückzugewinnen.
Vor wenigen Tagen hörte ich einen Vortrag über die atomare Bedrohung in unserer Zeit. Es war totenstill im Saal. Der Weltuntergang schien unausweichlich. Ein Knopfdruck genügt, um die Erde in ein Chaos zu verwandeln. Demgegenüber stand ein kleiner Funken Hoffnung auf Überleben.

Als ich aus dem Saal auf die Straße trat, sah ich vor mir ein Bäumchen. Knorrig gewachsen stand es da – allein inmitten staubiger Straßen, greller Lichter, Autolärm und Gestank; stand da – bereit zu erblühen. Ein Sonnenstrahl, ein warmer Morgen – und es wird sich in voller Schönheit entfalten. Wieviel Vertrauen hat dieses Bäumchen inmitten einer feindlichen, es bedrohenden Welt, so einfach zu erblühen.
Es ist ja Deine Zukunft, von der da geredet wurde, und ich frage mich manchmal, ob es uns erlaubt ist, so lieblos damit umzugehen. Zukunft ist für mich wie ein ungeborenes Kind, das von Generation zu Generation wachsen, reifen und ausgetragen werden will. Ohne Vertrauen ist die Zukunft nicht möglich, so wie ja auch ein Kind nicht leben kann, wenn es nicht das notwendige Vertrauen von den Erwachsenen bekommt.
Ich weiß noch, wie Deine Mutter und Dein Vater sich freuten, als Du unterwegs warst, wie wir alle Dich mit Liebe beschenken wollten, Dich mit freundlichen Gedanken umgaben. Könntest auch Du so mit Deiner Zukunft umgehen als mit Lebendigem, Wunderbarem, Beglückendem. Leben ist köstlich, auch wenn es zeitweise hart und bitter schmeckt.
Immer, zu allen Zeiten, hat es nur den kleinen Funken Hoffnung gegeben inmitten einer untergehenden Welt. Aber eben dieser Lichtfunke trägt. Die Juden nennen ihn Schechina. Es ist das Wort für die göttliche Gegenwart. Die Schechina, so heißt es, muß immer im Exil leben. Vielleicht ist sie längst ausgewandert aus unseren Stätten des Wohlstands, vielleicht auch aus der Kirche, in

der Du heute konfirmiert wirst. Wir wissen das nicht. Nur daß sie, wenn sie auswandert, irgendwo an einem unbekannten Ort auf uns wartet, das ist gewiß! Für mich hat sie sich damals an das Bäumchen geheftet, von dem ich Dir erzählte, das vor dem Saal stand, in dem der Weltuntergang vorgezeichnet wurde.
Manchmal bindet sie sich an ein Wort, das uns trifft; manchmal an einen Menschen, der uns liebt. Wichtig ist nur, daß wir sie erkennen, daß wir nicht grußlos an ihr vorübergehen.
Als Du geboren wurdest, fiel mir ein Wort von Matthias Claudius in die Hand. Es liegt seitdem in meinem Gesangbuch. Aber ich kann es längst auswendig. Damals schrieb ich es Deiner Mutter, heute möchte ich es Dir sagen. Es lautet:

„Da bist Du, liebes Kind. Da bist Du.
Sei uns willkommen!
Es steht Dir nicht an der Stirn geschrieben,
was in dieser Welt für dich verhängt ist,
und ich weiß nicht, was aus Dir werden wird.
Aber Gottlob, daß Du da bist – und für das
Übrige mag der Vater im Himmel sorgen."

Deine Kindheit liegt nun hinter Dir. Aber dennoch nimmst Du sie mit, überallhin mit. Du bist kein Kind mehr – und dennoch bleibst Du ein Kind, solange Du den Vater im Himmel für Dich sorgen läßt.
Ich kann Dir nicht viel mit auf Deinen Lebensweg geben. Was ich

Dir wünsche, ist das, was ich auch mir wünsche, nämlich, daß wir in allen unseren kleinen und größeren Entscheidungen den vor Augen und im Herzen haben, auf dessen Namen wir getauft sind. Er hat sich nicht auf die Seite derer gestellt, die herrschen und Macht ausüben und mit Gewalt ihre Ziele durchsetzen, sondern ist zum Fürsprecher derer geworden, die keinen Anwalt in dieser Welt haben. Er hat nicht auf das gesehen, was vor Augen ist, sondern auf das, was in der Tiefe des Herzens lebt. Das Schwache, das Unwerte, und was verachtet wird in dieser Welt, hat er geliebt und hat sich inmitten einer ihn bedrohenden Welt dem kleinen unscheinbaren Licht zugewendet. Ja, das wünsche ich Dir, daß Du ihn, der selbst zum Licht geworden ist, nicht aus den Augen verlierst.

Es grüßt Dich Deine Großmutter

Brief an Eltern,
die ein Kind verloren haben

Es gibt Leid,
unter das man sich nur
antwortlos beugen kann.

Liebe Ruth, lieber Sebastian!

Als ich diesen Brief beginnen wollte, mußte ich an manche Menschen denken, die ähnliches Leid erfahren haben wie Ihr.
Ich dachte zuerst an die jungen Frauen, denen ich im Krankenhaus begegnete. Voller Hoffnung, Erwartung und angstvoller Vorfreude sind sie gekommen, um das Kind, dessen Leben sie monatelang spürten, liebevoll in den Arm zu nehmen, es heimzutragen und großziehen zu können. Das Kind wurde geboren, aber der erste Schrei blieb aus, vielleicht war es zu schwach zum Leben, vielleicht war die Geburt zu kompliziert; es gibt viele Gründe für das Sterben eines Kindes bei oder nach seiner Geburt.
Für die Mutter bedeutet es immer einen Schock und einen tiefen Schmerz.
Unbeteiligte Menschen sehen das ganze oft nicht so tragisch, sie sagen: „Das Kind hat ja noch gar nicht richtig gelebt ..."
Ich weiß aber, daß es sehr wehtut, so ein ganz kleines Kindchen zu verlieren. Die Mutter war ja auf den Empfang des Kindes eingestellt. Zu Hause war alles schon sorgfältig gerichtet. Nun scheint das Leben stillzustehen.
Der Tod eines geliebten Menschen ist immer unfaßbar; aber das Sterben eines neugeborenen Kindes ist widersinniger als jeder andere Tod. Wer sich in Gedanken damit beschäftigt, wird zu keinem Ergebnis kommen, das Ende seines Fragens wird zum Anfang neuer Fragen. Es gibt Leid, unter das man sich nur antwortlos beugen kann. Darin kann ein geheimer Trost liegen, der die Fragen des Verstandes zwar wenig berührt, wohl aber das Leid des Herzens stillt.

Niemand steht allein in seinem Schmerz.
Wer einmal auf einem Friedhof die Reihe der Kindergräber entlanggeht, der mag spüren, wie viele Mütter hier ein Stück eigenes Leben mit ins Grab gelegt haben.
Ich denke weiter an die Eltern, die ein Kind im Kindesalter verlieren, in einem Alter, wo es noch ganz nah ist, wo es einem zu gehören scheint, wo die Bindung noch ganz eng ist. Ich denke an die Mütter, die monatelang, jahrelang von der unheilbaren Krankheit ihres Kindes wußten, die Tage und Nächte am Bett ihres Kindes wachten und gegen alle Vernunft die Hoffnung nicht aufgaben, daß sich doch noch alles zum Guten wenden könnte. Wie viele Gebete stiegen von ihrem Herzen zum Himmel auf, um das Wunder einer Wende zu bewirken. Und dann mußten sie meinen, daß ihre Gebete vergeblich waren. Ich denke weiter an die Eltern, denen ein Kind durch einen Unfall plötzlich, von einer Minute zur anderen, weggerissen wurde, die wie gelähmt waren und entsetzliche Stunden und Tage und Wochen der Verzweiflung durchzustehen hatten.
Oft hörte ich auch am Krankenbett diesen einen Satz, der offenbar das ganze Leben umfaßte: Mein Sohn ist gefallen – mein Sohn ist vermißt – meine Tochter ist bei einem Bombenangriff ums Leben gekommen – mein Kind ist auf der Flucht erfroren – ertrunken – verhungert – meine Tochter wurde verschleppt ... Die Wunden, die der letzte Krieg Menschen schlug, sind noch nicht verheilt. Sie sind zwar meist nicht mehr sichtbar, aber sie sind immer noch offen und bluten.

Nun habe ich noch kein Wort zu dem Schmerz geschrieben, in dem Ihr jetzt leben müßt. Oder habe ich es mit diesen Worten vielleicht doch getan?
Ist unser Leid doch immer eingebettet in das Leid der anderen Menschen.
In herzlicher Verbundenheit

Eure Helen

Brief an eine Freundin,
die an Schlaflosigkeit leidet

Es braucht Mut,
sich selbst in der Stille
und Dunkelheit der Nacht zu begegnen,
sich selbst standzuhalten
und nicht davonzulaufen.

Liebe Elisabeth,

„Nacht um Nacht liege ich schlaflos …" Seit Tagen beschäftigt mich Dein Brief. Du glaubst nicht, wie viele Menschen an schlaflosen Nächten leiden.
Es gibt verschiedene Mittel, damit umzugehen. Eines davon sind die Medikamente, die den Schlaf künstlich herbeiführen und die sehr hilfreich sein können für viele, die sich quälen und nicht erwarten können, daß der Morgen kommt.
Ein anderes Mittel sind Bücher. Manche haben immer ein Buch auf dem Nachttisch liegen. Wenn sie aufwachen und nicht wieder einschlafen können, dann nehmen sie es zur Hand. Sie kommen auf andere Gedanken, sie vergessen, was sie beunruhigte … und schlafen wieder ein.
Ich möchte von einer dritten Möglichkeit sprechen, wie sich mit schlaflosen Nächten umgehen läßt.
Ich möchte Dir einfach erzählen, was ich selbst mit meinen schlaflosen Nächten anfange.
Ich habe gelernt, sie liebzugewinnen, sie als Gewinn, nicht als Verlust zu betrachten. Ich will nicht nach der Ursache fragen. Ohne Grund geschieht nichts. Also muß es auch einen Grund dafür geben, daß ich nicht schlafen kann.
So liege ich also und lasse mir etwas einfallen. Das kann schön, das kann traurig sein, das kann süß oder bitter sein. Wichtig ist nur, daß ich mich davon bewegen lasse. Manchmal fallen mir Menschen ein, die jetzt auch schlaflos liegen. Kranke, die ich besucht habe, die vielleicht Schmerzen haben oder allein sind mit ihren Gedanken an den Tod.

Es können auch Bilder sein, die auftauchen. Aus der Kindheit können sie kommen. Sie erinnern an Begebenheiten, die längst vergessen schienen und die meine Seele doch aufbewahrt hat, um sie mir in dieser schlaflosen Nacht wiederzuschenken.
Natürlich können Bilder auch erschrecken: wenn sie von Sorgen und Angst entstellt und entwurzelt sind, wenn sie sich auf unsere Zukunft beziehen, die wir ja nie in der Hand haben. Aber nur wer sich diesen Bildern stellt, Vertrauen gegen die Angst, Hoffnung gegen die Sorge aufbringt, der kann getröstet und gesegnet aus einer solchen Nacht hervorgehen.
Ich habe manchmal über eine Bemerkung von Hermann Hesse nachgedacht, der seine Erfahrungen mit schlaflosen Nächten hatte:
„Die Menschen sind im Leben nicht schwer zu erkennen, welche viele Nächte mit wachen Augen stillgelegen sind."
Ich meine, es liegt immer an uns selbst, was wir aus einer Begegnung, aus einem Erlebnis, aus einer Krankheit und auch aus einer schlaflosen Nacht mitnehmen. Die einen nur Verdruß, schlechte Laune und Müdigkeit.
Die anderen neue Erkenntnis, Ehrfurcht vor dem Geheimnis.
Könnten wir es wieder lernen, der inneren Sammlung zu leben, für die wir am Tag so wenig ungetrübte Zeit haben.
Mag sein, daß uns ein Wort einfällt aus einem Gedicht, einem Lied, aus der Bibel, das nun in der Stille der Nacht sich zu entfalten beginnt, uns Schutz gewährt wie unter zwei mächtigen Flügeln und daß, ohne daß wir es merken, Gott selbst mit uns zu

reden beginnt, uns seine Gegenwart und Liebe zuspricht und die Traurigkeit unserer Seele in Freude wendet.
Natürlich gibt es viele Menschen, die das alles mit einer Handbewegung abtun. Sie können schlafen, sie haben gute Verdauung und auch sonst keine Probleme. Aber was ist mit den anderen, die an der Welt und auch an sich selbst leiden, oft ohne daß es ein anderer merkt? Die wach liegen, weil sie im Innersten verletzlich sind und nicht so leicht fertig werden mit Kränkungen. Sie sollten, meine ich, sich ein Herz fassen! Es braucht Mut, sich selbst in der Stille und Dunkelheit der Nacht zu begegnen, sich selbst standzuhalten, nicht davonzulaufen.
Liebe Elisabeth, ich wünsche Dir von Herzen, daß Deine schlaflosen Nächte weniger werden; aber wenn es schon einmal sein muß, dann denk auch an all die anderen, die wach liegen in dieser Nacht.

Deine Helen

Brief an eine Witwe

Je einsamer der Mensch,
desto leiser und durchsichtiger
und verletzlicher wird sein Glück.
Es ist für andere unsichtbar.

Liebe Hilde,

es ist heute ein wunderschöner Sonnentag. Die Rosen sind voll erblüht. Mir ist weh ums Herz, wenn ich denke, wie schnell sie verblüht sein werden. Aber der Augenblick ist schön. Lebensfülle! Hochsommer!

Du schreibst, wie schmerzlich Du gerade in diesen Tagen den Lebenspartner vermißt. Mir geht es ähnlich mit den Erinnerungen an gemeinsames Wandern, gemeinsame Sommerferien, an Lachen und Streiten und aufeinander Warten und miteinander Gehen und beieinander Sitzen. Wieviel Glück verbarg sich gerade in dem Alltäglichen, Gewohnten, im Selbstverständlichen. Wie schön ist es, einen Menschen hinweisen zu können auf eine Blüte am Wege, auf das Hämmern eines Spechts, auf den Geruch des Sommers. Es gäbe noch viel hinzuzufügen.

Aber weißt Du, mich machen diese Erinnerungen nicht mehr traurig, im Gegenteil, ich bin froh, daß ich das alles so intensiv und dankbar habe erleben können. Ich war und bin gegenwärtig. So wie der Hochsommer nicht dauert, so wechseln auch die Lebensphasen einander ab. Ich versuche, „Ja" zu sagen zu dem, was ist.

Ich erlebe das Alleinsein nicht mehr als Schmerz, sondern eher als Trost. Ich habe mehr Zeit für mich, als ich das früher hatte. Manchmal ertappe ich mich dabei, daß meine Gedanken im Land der Kindheit verweilen, oder ich höre mich mit Blumen und Tieren sprechen, mit Toten und Abwesenden …

Ich habe einen neuen Zugang bekommen zu Menschen, die auch allein sind, und überhaupt zu denen, die durch einen tiefen

Schmerz hindurchmußten. Ich habe ganz neue geduldige Freunde gewonnen unter der leidenden Kreatur.

Doch nun will ich Dir erzählen, wie es mir mit der Einsamkeit ergangen ist, über die Du so heftig klagst. Zuerst war sie mir unheimlich, wie ein fremder Gast, der in mein Haus einzog. Ich ging ihr aus dem Wege, sooft und wo immer ich konnte. Ich hatte Angst, mit ihr allein zu sein. Da hatte ich eines Nachts einen Traum:

Eine schöne junge Frau besuchte mich, sie hatte ein helles Kleid an und trug Rosen in ihrer Hand, die sie in eine meiner Vasen stellte. Verwundert fragte ich sie, wer sie sei, aber sie schüttelte den Kopf und bedeutete mir, daß sie nur gekommen sei, um mir die Rosen zu bringen. Ich schaue auf die Rosen, und mir ist, als wäre ich blind gewesen und nähme zum ersten Mal die Schönheit und den Duft dieser Blume wahr.

Dann wachte ich auf und ahnte plötzlich, daß es die Einsamkeit war, die mich im Traum besucht hatte, um mir zu sagen, daß sie meine Schwester sei und mich beschenken wolle.

Seitdem habe ich manches erkannt, nicht nur die Schönheit der Rose, die ja ein Sinnbild für die Liebe ist, sondern die tiefe Wahrheit, die in allem Lebendigen liegt und sich nur durch Schmerz äußern kann. Auch mein eigener Schmerz ist ein Teil dieser ewigen Wahrheit.

Lange habe ich gebraucht, um zu verstehen, was Werner Bergengruen in einem seiner Gedichte schreibt:

Jeder Schmerz entläßt dich reicher,
preise die geweihte Not,
denn aus nie geleertem Speicher
nährt Dich das geheime Brot.

Wer durch den Schmerz des Abschieds gegangen ist, wird erfahren, daß Neues in sein Leben eintreten will. Dieses Neue wächst auf dem Boden des Alten. Darauf können wir vertrauen. Natürlich muß es kein Traum sein, durch den es sich anzeigt, es gibt „viel tausend Weisen", wie Gott aus dem Tode errettet.
Ich lebe jetzt mit der Erfahrung, daß Einsamkeit nicht dunkel sein muß, sondern zum lieben Gast im leergewordenen Haus werden kann, ja, daß sie uns beschenkt, wenn wir es ihr erlauben.
Weißt Du, es gibt wohl ein lautes und ein leises Glück. Das eine wird uns überall vorgegaukelt, bis wir daran glauben und uns selbst ausgestoßen und vom Leben schlecht behandelt fühlen. Es ist das Glück des Habens und Besitzens. Du weißt schon, was ich meine.
Je einsamer der Mensch, desto leiser und durchsichtiger und verletzlicher wird sein Glück. Es ist für andere unsichtbar. Es ist wie ein Licht auf dem Wege oder wie eine Rose am Wege.
Schreib mir, ob Du das nicht auch schon erfahren hast.

Deine Helen

Brief an einen Kranken, der die Frage nach Gott stellt

Niemand kann von Gott reden,
ohne von sich selbst zu reden.
Denn die Geschichte mit Gott
ist immer eine Liebesgeschichte.

Lieber Fremder,

ich weiß nicht einmal Ihren Namen. Als ich an Ihrem Bett stand, sagten Sie: „Wozu brauchen Sie noch Gott?" Ich hätte die Frage vergessen können, wie ich so manches von dem vergesse, was ich an einem Tag höre und rede.
Aber ich konnte diese Frage nicht vergessen, vielleicht weil sie aus einem Munde kam, der kaum noch sprechen konnte; vielleicht weil mich Ihre Augen aus tiefen Höhlen ansahen. Vielleicht weil ich keine Antwort darauf wußte.
Es gibt natürlich Menschen, und das ist die Mehrzahl, die haben sogleich eine Antwort; und in dicken Büchern, die auch in meinen Regalen stehen, kann ich nachschlagen und sehr gelehrte, kluge, tiefsinnige Antworten finden. Aber ich sage ehrlich: Ich habe geschwiegen. Es war eine wirkliche Frage, und da wollte ich nicht ausweichen in Worte; *das* Wort aber stellte sich nicht ein.
Aber die Frage hat mich getroffen, hat mich bewegt wie ein Stein, den man ins Wasser wirft und der dieses in Bewegung bringt.
Nun sollte man meinen, eine Frau, die Theologie studiert hat und jahrelang in der Seelsorge am Kranken tätig ist, sollte auf solche Fragen eine Antwort haben. Sie sollte wissen, wozu sie Gott braucht. Wer soll es denn sonst wissen? Über das Wetter läßt sich leicht reden und über die Krankheit und über die Sorgen in der Familie. Es läßt sich über vieles reden – und natürlich auch über Gott. Nur ist es die Frage, ob es dann noch Gott ist, über den wir reden.
Brauche ich Gott? Ich brauche Wasser und Brot, um leben zu können; ich brauche ein paar Menschen, um mich im Lieben und

Vertrauen zu üben. Ich brauche Arbeit und manchmal ein Lied und noch so manches mehr. Aber wozu brauche ich Gott? Ich habe nachgedacht. Ich habe mein Leben durchgekämmt. Ich bin den Erfahrungen nachgegangen. Ich habe Bilder aus der Vergangenheit heraufgeholt und betrachtet. Ich sah mich in weißen Kleidern zwischen Vater und Mutter. Ich sah mein Elternhaus abbrennen und mich allein auf der Flucht. Ich sah mich in vielen Situationen, immer bemüht, stärker zu sein als das Schicksal, immer bemüht, aus meinem Leben ein Werk zu machen, ihm eine Gestalt zu geben, immer bemüht ... Habe ich Gott dazu gebraucht? Ich meine nicht. Gott ist kein Gebrauchsgegenstand.
Doch dann war ich noch einmal bei Ihnen. Ich setzte mich an Ihr Bett, und Sie schauten mich an, als wüßten Sie, weshalb ich kam. Sie stellten keine Frage mehr, aber ich erzählte von dem weiten Weg, den ich gegangen war, und von dem Stein, den Sie ins Wasser geworfen hatten, und daß ich warten mußte, bis er Grund erreicht hatte, um antworten zu können.
„Ich brauche Gott nicht", sagte ich leise und beschämt.
Sie antworteten nicht, aber Sie sahen mich sehr ruhig an, als könne das nicht alles sein, was ich zu sagen hätte.
„Ich glaube nämlich", fuhr ich fort, „daß Gott keine Erfindung der Menschen ist, so wie der Motor und die Rechenmaschine und der Computer. Ich glaube, daß Gott sehr schwach ist und wehrlos. So schwach wie ein Kind, das nicht anders kann als vertrauen; so wehrlos wie die Liebe, die nicht anders kann als sich schenken. Ich glaube, wir sind Gott sehr nahe, wenn wir schwach und wehrlos

sind, wenn wir vertrauen wie ein Kind und unsere Liebe verschenken, einfach so, weil es schön ist zu lieben."
Wir gaben uns die Hand: Sie gaben mir ein Zeichen Ihres Einverständnisses.
Und dann kam ich noch ein drittes Mal zu Ihnen. Sie schauten mich sehr freundlich an. Es schien Ihnen besser zu gehen. Sie hatten keine Schmerzen.
„Ich habe mich geirrt", sagte ich, „es stimmt nicht, daß ich Gott nicht brauche. Ich brauche ihn, um lieben zu können. Wir brauchen einander: so wie Menschen, die sich lieben, einander brauchen. Wie das tägliche Brot.
Sie haben mir eine Frage gestellt. Ich habe Ihre Frage gebraucht, um darüber nachzudenken und Ihnen antworten zu können, und Sie brauchen vielleicht meine Antwort, um damit Ihre schwere Krankheit durchstehen zu können.
Ich habe es mir nicht leicht gemacht. Ich wollte ehrlich sein. Sie haben mir eine sehr persönliche Frage gestellt. Ich wollte sie persönlich beantworten. Niemand kann von Gott reden, ohne von sich selbst zu reden. Denn die Geschichte mit Gott ist immer eine Liebesgeschichte."
Sie nickten, und wir lächelten uns zu. Aber ist die Frage damit beantwortet? Nein, sie lebt und stirbt mit uns. Vielleicht werden Sie die Antwort bald wissen!

Ihre Helen